Género Ficción realista

Pregunta esencial
¿Qué hacen los buenos ciudadanos?

Un hogar para perritos

Rosa Oriolo
ilustrado por Cristian Mallea

Capítulo 1
Un deseo de ayudar

Alcira es una niña feliz y ama a los animales.

Alcira vive junto a su familia en un edificio donde hay varias personas mayores. Casi todas ellas tienen mascotas.

Todos los días pasean con sus mascotas por las calles del pueblo.

Cuando termina las tareas de la escuela, Alcira juega con su perro Toby.

Un día, Alcira saca a pasear a Toby con su mamá.

En el camino ven a la señora Elena. Es una vecina que también pasea con su perro.

La señora Elena es muy mayor. Además, no puede caminar bien.

—Mamá. ¿Podemos pasear al perro de la señora Elena? —dice Alcira.

—Por supuesto, hija —responde la mamá. Está asombrada por la responsabilidad de su hija.

Al día siguiente, Alcira y su mamá salen de paseo con los dos perros.

Por la noche, Alcira tiene una idea.

—La señora Elena y el señor Horacio son personas mayores. Cuando hace mucho frío, no pueden sacar a sus mascotas a pasear —dice Alcira.

—Es verdad. ¿Y qué podemos hacer nosotros? —pregunta el papá.

—Yo quiero obsequiarles mi ayuda —responde Alcira.

—Es una posibilidad de ser útil —agrega la mamá.

AHORA COMPRUEBA

¿Por qué Alcira quiere ayudar a sus vecinos?

Capítulo 2
Vamos de paseo

Por la tarde, Alcira pasea las mascotas de sus vecinos con su mamá. Así, puede jugar con los perros y ayudar al mismo tiempo.

Alcira está vestida con colores que combinan. Cuando hace eso, es porque está muy contenta.

Otros vecinos se acercan para pedirles ayuda a Alcira y su mamá.

—¿Qué haremos mamá? Ya no tenemos más días libres —dice Alcira.

—Tienes razón —responde la mamá tranquilamente—. Pensaremos en alguna idea.

Alcira y sus padres son un buen ejemplo para la comunidad.

Los vecinos deciden crear un hogar para mascotas.

Samy es un amigo de Alcira. Su papá habla con otros vecinos para organizarse.

La señora Elena y el señor Horacio también quieren colaborar. Están muy entusiasmados con la idea.

Mañana todos irán a hablar con las autoridades.

AHORA COMPRUEBA

¿Qué quieren hacer los vecinos?

Capítulo 3
Un nuevo hogar

Las autoridades apoyan a los vecinos. Les ofrecen una casa vieja en las afueras del pueblo para crear el hogar para mascotas.

Los vecinos aceptan la donación.

También deciden arreglar y pintar la casa.

A las 4 p.m., los vecinos se reúnen en la casa.

—A partir de hoy, los perros sin dueño tendrán derecho a un hogar —dice el señor Horacio.

—Y en ese hogar, también pueden cuidar de nuestras mascotas cuando no estemos —dice la señora Elena.

Detective del lenguaje

¿Qué significa 4 p.m.? ¿Es de tarde o de mañana?

—Ahora la señora Elena podrá ir a visitar a su hijo. Nosotros cuidaremos de su mascota —dice Samy.

—Y el señor Horacio podrá hacerse los estudios médicos sin preocuparse. ¿Verdad, mamá? —dice Alcira.

—¡Por supuesto! —dice su mamá.

Detective del lenguaje	¿Qué pronombre personal tiene la oración subrayada?

Entre todos los vecinos eligen voluntarios para cuidar las mascotas.

Alcira y Samy irán con sus padres al hogar de mascotas por la tarde después de hacer la tarea.

Todos ayudan con el mantenimiento del hogar. Alcira aprende mucho al verlos trabajar.

La mamá de Samy es veterinaria. Quiere organizar cosas para construir un hospital.

El papá de Alcira hará los anaqueles para las medicinas.

Finalmente, el hogar de mascotas está terminado y los vecinos organizan una celebración.

Todos los vecinos llevan sus mascotas.

Alcira, Samy, sus padres y sus amigos los reciben muy contentos.

AHORA COMPRUEBA

¿Qué hicieron Alcira, Samy y los vecinos al final?

Respuesta a la lectura

Resumir

Usa detalles para resumir *Un hogar para perritos*.

Personaje	Pista	Punto de vista

Evidencia en el texto

1. ¿Cómo sabes que *Un hogar para perritos* es un cuento de ficción realista? **Género**
2. ¿Por qué se preocupa Alcira durante el paseo con su mamá? **Punto de vista**
3. ¿Qué significa *tranquilamente* en la página 7? **Sufijos**
4. Escribe sobre cómo se siente Alcira al final del cuento con respecto al hogar de mascotas. Indica detalles. **Escribir sobre la lectura**

Género Narrativa de no ficción

Compara los textos

Lee sobre un niño que es un buen ciudadano en la vida real.

El héroe

Los oficiales de policía ayudan en una emergencia.

Era una noche fría. Una madre y sus tres hijos estaban cerca de su casa. De pronto, su camioneta se volcó. ¡Era una emergencia!

La camioneta se detuvo. Titus, de siete años, y sus dos hermanitas estaban a salvo. Pero su madre había sido lanzada fuera de la camioneta. Titus la llamó pero ella no respondió.

Necesitaba pedir ayuda, pero la puerta estaba atascada. Entonces salió por la ventanilla. No encontró a su mamá pero vio luces. Le dijo a sus hermanas que buscaría ayuda y volvería.

En una emergencia

1. Cálmate.
2. Pide ayuda a un adulto que conozcas.
3. Llama al 911.

Titus no tenía zapatos ni abrigo. Corrió media milla hasta que encontró una granja. Los granjeros llamaron al 911.

La mamá de Titus está bien ahora gracias a que su hijo pidió ayuda. Titus es un héroe porque supo qué hacer en una emergencia.

Haz conexiones

¿Qué hizo Titus para demostrar que es un buen ciudadano? **Pregunta esencial**

¿Por qué son Titus y Alcira buenos ciudadanos? **El texto y otros textos**

Enfoque:
Estudios Sociales

Propósito Aprender sobre trabajos que involucren ayudar a los demás

Paso a paso

Paso 1 Pregúntale a un miembro de tu familia sobre su trabajo.

Paso 2 Pregúntale cómo ayuda a otros en el trabajo. Pídele que te cuente sobre una ocasión en que ayudó a otros.

Paso 3 Trabaja con un compañero o una compañera. Comenta cómo ayudan sus familiares a los demás.